RAPPORT AU CONGRÈS

DE LA

PRESSE RÉFORMISTE

DE LA DROITE,

DANS SA SÉANCE DU 20 AVRIL 1847,

SUR L'ÉCONOMIE POLITIQUE.

L'AGRICULTURE. — L'INDUSTRIE. — LE COMMERCE. — LE CRÉDIT.

LES IMPOTS. — LA MARINE ET LES COLONIES.

PAR M. BATTUR,

Avocat à la Cour royale de Paris, l'un des vice-présidens du Congrès.

PARIS.

IMPRIMERIE ÉDOUARD PROUX ET Ce,

RUE NEUVE-DES-BONS-ENFANS, 3.

1847.

Ce rapport, dont le Congrès a voté l'impression, mais sur les conclusions duquel il ne s'est pas prononcé, en raison de la haute importance, de l'étendue et de la difficulté des questions qu'il soulève, sera distribué aux journaux réformistes de la droite et aux membres du Congrès, comme sujet de méditations et d'études.

RAPPORT AU CONGRÈS

DE LA

PRESSE RÉFORMISTE DE LA DROITE,

DANS SA SÉANCE DU 20 AVRIL 1847,

SUR L'ÉCONOMIE POLITIQUE:

L'AGRICULTURE. — L'INDUSTRIE. — LE COMMERCE. — LE CRÉDIT.

LES IMPÔTS. — LA MARINE ET LES COLONIES.

SOMMAIRE :

Réflexions générales sur les conditions de la richesse et de la puissance nationales.
SECTION Iʳᵉ. ÉCONOMIE POLITIQUE. — § 1ᵉʳ. De l'agriculture, de l'industrie, de leur alliance et du crédit. — § 2. Des impôts directs. — § 3. Des impôts indirects. — § 4. Des droits d'importation et d'exportation sur les céréales.
SECTION II. MARINE ET COLONIES. — § 1ᵉʳ. Marine militaire. — § 2. Marine marchande. — § 3. Colonies.
SECTION III. DU LIBRE-ÉCHANGE.

MESSIEURS ,

J'aurai l'honneur de vous présenter d'abord quelques réflexions générales sur les conditions de la richesse et de la puissance nationales.

Toutes les sources de la richesse et de la puissance de la France sont solidaires les unes des autres. Mais il y a entre elles un lien hiérarchique de corrélation auquel est subordonné le développement du travail national.

Le *laisser faire*, ou la liberté illimitée des échanges, sans égard à ces rapports de dépendance et d'ordre, c'est l'anarchie, c'est le mépris du droit de propriété et du travail; c'est le *communisme*.

En partant du sommet de l'état social, chez une nation comme la France, à la fois continentale et maritime, agricole et manufacturière, reposant entre deux mers qui lui donnent un accès direct dans tous les territoires et dans toutes les affaires de l'univers, la puissance continentale et la richesse publique dépendent essentiellement de la puissance et du commerce maritimes.

L'histoire des deux derniers siècles et l'expérience contemporaine le démontrent jusqu'à l'évidence.

Il faut donc avant tout développer la marine marchande et puiser dans ce développement une marine militaire formidable. Il le faut, à tout prix ; car sans ces deux marines, point de prépondérance pour la France dans les conseils de l'Europe, point de succès pour son agriculture et son industrie.

Portant nos regards sur l'intérieur du pays, ses élémens de production sont le sol, le capital industriel et la population des travailleurs.

Ces trois élémens sont étroitement liés entre eux ; mais, par la nature même des choses, l'industrie et le travail périraient si l'agriculture était frappée de mort.

Il importe donc de rendre d'abord à la propriété foncière de la France son caractère propre, qui est la stabilité et la fécondité. On ne doit point en faire l'enjeu de spéculations téméraires et folles, ni la faire dépendre d'un crédit factice et transitoire. L'augmentation toujours croissante de son rendement et de son revenu doit réunir toutes les pensées des hommes d'Etat. Cette solidité progressive du revenu territorial, sera la sauvegarde d'une politique désemparée ou livrée aux chances terribles de la guerre. D'où il suit que la richesse publique n'est véritablement que dans la chaîne indissoluble du sol, de l'industrie et du travail, chaîne dont le premier anneau est l'agriculture.

Le principe et le lien de cette union et de cette harmonie, c'est le *travail national*, le vrai capital, la vraie richesse, la mesure fondamentale et commune, l'étalon, si je puis parler ainsi, de toutes les autres mesures. C'est le fluide, c'est le sang qui anime et fait vivre les deux autres élémens.

Pour le mettre en œuvre, il faut une circulation puissante et régulière. On parlerait vainement d'association, d'un règlement de répartition entre les capitaux et le travail, de concurrence à régulariser, si la circulation est entravée, si elle est embarrassée à l'entrée et à la sortie, si elle est contrariée à l'intérieur. L'active et libre circulation des capitaux peut seule corriger le morcellement de la propriété foncière, et remédier aux crises intermittentes de l'industrie et des classes laborieuses.

Mais la première condition pour cette circulation puissante, c'est l'affranchissement du sol.

Nous posons donc les principes suivans :

1° La propriété foncière doit être dégrevée de l'impôt qui la détruit, sans quoi il ne peut être question ni de capitaux productifs, ni de crédit, ni de développement industriel, ni de liberté commerciale progressive, ni de véhicules maritimes ou ferrés.

2° Les remèdes contre la disette ou la famine et contre les crises financières ne sont que dans le rendement de la propriété foncière.

C'est sur cette base que reposent, avant tout, le crédit, le commerce intérieur et extérieur, et l'organisation du travail.

3° Le libre-échange, ou le radicalisme appliqué au commerce et à l'industrie, séparément du progrès combiné et assuré des trois élémens ci-dessus, est une utopie désastreuse qui engendre la misère publique et le communisme.

4° Il ne peut y avoir liberté progressive des échanges, sans le développement corrélatif de la puissance navale. Or, la liberté illimitée des échanges, bien loin de contribuer à l'accroissement de notre marine, la détruirait. Le remaniement de la législation maritime comme condition de la liberté du pavillon et de l'accroissement des transports, peut seul nous relever de l'infériorité déplorable de notre tonnage, pour lequel nous sommes au dessous de toutes les nations maritimes ; car, dans l'état actuel des choses, l'Angleterre et les Etats-Unis nous écraseraient par leurs moyens de transport et le bas prix de leurs frets et de leurs produits.

Examinons donc : 1° les moyens de rendre au sol sa richesse et son crédit, de réformer notre système d'impôts, subséculivement ceux de rendre au travail sa place et ses droits dans une nation telle que la France ; 2° les moyens de relever notre marine marchande, notre marine militaire et nos colonies ; 3° la question du libre-échange.

SECTION PREMIÈRE.

ÉCONOMIE POLITIQUE.

§ 1. *De l'agriculture, de l'industrie, de leur alliance et du crédit.*

Le Congrès doit, avant tout , porter son attention sur la crise que la pénurie et la cherté des subsistances viennent de faire éclater en France.

Cette crise est une grande leçon, un terrible avertissement que Dieu donne à la terre, car elle fait évanouir le prestige que l'opinion attache à la richesse mobilière en elle-même, et au crédit factice que l'on fait reposer sur elle.

Il est aujourd'hui démontré que si le sol ne produit pas tout ce qu'il doit produire, non seulement l'existence des populations est compromise, mais encore que l'industrie manufacturière est frappée de mort, que l'intérêt de l'argent augmente, que les ressources du travail diminuent, que le numéraire, s'écoulant à l'étranger pour les achats de céréales, les institutions de crédit sont énervées, paralysées, et qu'elles ne peuvent désormais fonctionner qu'en aggravant la situation des classes laborieuses.

Vainement chercherait-on dans le libre-échange un remède à cet état de choses. Supposons, en effet, qu'un immense mouvement d'échanges libres apportât en France la richesse de tous les pays, que la balance du commerce fût pour nous et que nous eussions en main le sceptre du change ; qu'arriverait-il si la terre ne donnait pas les fruits nécessaires à une population de 35 millions d'habitans ? si une année de disette succédait à une année de disette ? Il arriverait que l'industrie manufacturière ne vendrait rien ou presque rien au pays, que les capitaux manqueraient bientôt à l'industrie en même temps que les bras par l'excessive cherté des subsistances, et qu'elle aurait le tort de ce roi qui fit le vœu que tout ce qu'il toucherait se changeât en or, et qui fut bientôt obligé de recourir aux dieux pour les prier de finir sa misère.

Que serait-ce donc si ce libre-échange-absolu n'était qu'une illusion désastreuse, et si la balance du commerce, comme cela est évident dans un pareil système, et en présence de l'infériorité de notre industrie et de nos capitaux au point de vue du prix de la main-d'œuvre, du prix de revient, des frais de transport et du fret, devait nécessairement se déclarer contre nous ? On ne saurait dire alors quelle serait l'étendue des calamités dont la disette frapperait le pays !

Il suit de ces vérités d'observation et d'expérience, que l'attention la plus sérieuse du Congrès doit se porter sur les moyens de réaliser l'alliance nécessaire de l'agriculture et de l'industrie , et qu'elles doivent se liguer pour assurer leur salut commun.

Le Congrès de la presse adhère pleinement aux résolutions si sages du Congrès agricole, en ce qui touche les mesures à prendre pour le perfectionnement des procédés agricoles et les travaux à exécuter pour changer et améliorer le système d'exploitation des terres. Mais il est de son devoir d'envisager la question au point de vue politique et financier, sans lequel de telles mesures seraient irréalisables.

Or, il est évident que la première chose à faire, c'est de rendre à la terre et au travail agricole le revenu qui leur est propre , par la diminution de l'impôt qui, réduisant ce revenu à 2 0|0, rend toute réserve de capitaux impossible pour le propriétaire foncier. L'énormité de la dette hypothécaire, qui a atteint le chiffre de 12 milliards et qui croît chaque année de 500 millions, en est une conséquence directe, nécessaire; et le mouvement fébrile de circulation et de transmission des immeubles, qui dépasse annuellement un milliard trois cents millions, et où le gouvernement voit un signe de prospérité, est précisément la preuve la plus manifeste que les capitaux ne sont point répartis entre les diverses sources de la richesse publique et qu'il n'existe aucun rapport entre le haut prix des terres et leur rendement , puisque l'intérêt de l'argent reste pour l'agriculture à 5 0|0 et monte à 13 et même à 20 0|0, tous frais de l'acte d'emprunt et de recouvrement compris, tandis qu'il n'est dans le commerce que de 3 ou 4 0|0.

L'industrie est intéressée au plus haut degré à ce dégrèvement de la propriété foncière. En effet, c'est une illusion funeste de croire que le mal serait diminué en mobilisant le sol et en faisant dépendre la transmission de la propriété territoriale d'une publicité apparente, c'est à dire de la formalité extrinsèque de la transcription la plus promptement opérée, sans égard à l'ordre et à la priorité des contrats consensuels d'acquisition. Mobiliser la terre, dresser un grand livre du crédit foncier par l'association des grands propriétaires pour le service des intérêts de la caisse hypo-

thécaire et son amortissement progressif., serait une mesure complètement inefficace et de plus périlleuse. Il faut bien se garder
de généraliser et de centraliser la valeur territoriale de notre sol ;
ce serait la livrer à son tour à la spéculation et à l'agiotage, et aban-
donner aux vents capricieux de l'opinion la plus immuable de nos
richesses, la seule ancre de salut du vaisseau de l'Etat dans la tem-
pête. Faire ensuite de l'acquisition des terres le prix de la course
par la transcription la plus promptement effectuée au bureau du
conservateur des hypothèques, ce serait anéantir la stabilité, la
sûreté des propriétés foncières et la foi due aux conventions sin-
cères. Un tel crédit ne serait donc qu'un crédit imposteur, puis-
qu'il ne reposerait que sur une prime donnée à l'agiotage et à la
friponnerie.

Donc le crédit agricole doit exclusivement avoir pour base l'a-
mélioration et l'augmentation du revenu de la terre, dont le dégrèvement de l'impôt est le premier élément. L'augmentation du
revenu du capital industriel en étant une conséquence naturelle,
il en résulte cette grande vérité économique : Qu'en France, plus
particulièrement, il faut que l'agriculture et l'industrie s'unissent
indissolublement pour fonder un crédit réel. Car plus la terre pro-
duira de matières premières à mettre en œuvre par l'industrie
nationale, moins la main-d'œuvre sera chère, plus la concurrence
avec l'étranger sera fructueuse, plus nos exportations s'accroîtront,
et plus la consommation intérieure sera considérable.

Le Congrès doit donc émettre le vœu de voir les journaux réformistes de la droite appeler l'attention de leurs lecteurs, et surtout des grands propriétaires, sur la nécessité, pour parer à de
grands désastres, de donner à l'agriculture, et spécialement aux
fermiers et propriétaires exploitans, les moyens de crédit dont le
commerce dispose avec tant de facilité, en unissant autant que
possible les ressources de l'agriculture et celles de l'industrie. Ce
crédit n'a été refusé jusqu'ici à l'agriculture qu'à raison du défaut
de répartition et de circulation des capitaux, de l'isolement où la
législation et l'administration ont relégué la propriété foncière,
et aussi des lenteurs et des frais énormes résultant de l'emprunt
sur hypothèque et de l'expropriation forcée.

Mais comment organiser ce crédit qui doit pourvoir à la fois aux
besoins du sol et à ceux de l'industrie? On ne croit pas que la
centralisation de ce crédit dans les mains de l'Etat fût une chose
salutaire. Le crédit n'est compatible ni avec l'individualisme ni
avec la centralisation. L'agglomération et l'union des intérêts,
leur classification et leur règlement par des lois générales qui ne
sont que le résultat de l'expérience et du respect profond des
droits de tous, de la pondération des intérêts spéciaux des diverses
provinces de l'empire, l'association de propriétaires, de sages règlemens sur la quotité et le mode des crédits à accorder, de manière qu'ils soient l'appoint et le complément du capital roulant,
et non le fonds primitif : tels sont les élémens du crédit et sa plus
solide garantie. C'est ce qui a fait l'élasticité et la solidité des banques locales des Etats-Unis de l'Amérique du Nord, lesquelles ont
reçu la vie et un puissant essor de leur affranchissement même de

la banque centrale de l'Union.

On estime donc qu'il doit se former en France des banques locales libres, où le sol et le capital unis au travail confondront leurs ressources et leurs espérances. Les fonds de ces banques pourraient être divers, selon la nature des localités et leurs intérêts agricoles et industriels.

Le défrichement de plus de sept millions d'hectares incultes de landes, bruyères et autres terrains susceptibles d'être mis en valeur ; 1,500,000 hectares de marais à dessécher sur la surface du royaume ; 200,000 lieues de ruisseaux négligés à rendre à leurs richesses, à leur fécondité primitives ; 300,000 lieues de lisières de prés à planter en arbres utiles ; des canaux à creuser, un vaste système d'irrigations à créer, qui féconderaient la partie la plus aride du sol et centupleraient sa valeur ; des routes à établir, des tronçons de chemins de fer à faire exécuter, seraient l'objet solide du crédit local. Mais les associations territoriales et industrielles relatives à ces défrichemens et à ces irrigations, devraient avoir pour principe, non point le simple amendement, la seule subsistance des colonies agricoles, mais l'attrait tout-puissant et moralisateur d'une part de propriété à donner au travail dans les terrains à défricher et à irriger, dans les marais à dessécher, dans les dunes à mettre en valeur. Si cela eût été fait en Irlande, ce malheureux pays eût échappé au mal chronique qui le dévore. Le travail devrait entrer pour un tiers ou un quart au moins dans ces créations agricoles. Et comme les créations industrielles se multiplient et prospèrent au fur et à mesure de la quantité de terres défrichées et d'établissemens agricoles fondés, une part d'intérêt dans ces créations industrielles devrait être également accordée à l'ouvrier. C'est le principe appliqué par la plupart des nations maritimes à la marine marchande ; il faudrait l'étendre au défrichement et à la mise en valeur des terres de notre colonie d'Afrique.

Là où il n'y aura pas de défrichemens, de dessèchemens, de reboisemens à exécuter, se présenteraient inévitablement de grandes améliorations à faire, car notre sol ne produit pas le tiers de ce qu'il devrait produire, s'il était bien aménagé. De nombreuses irrigations, qui seront plus facilement créées par les associations que par la force de la loi, l'accroissement des richesses fourragères, qui sont en France dans une si faible proportion avec les terres arables, le système des engrais et l'élève du bétail, qui dépendent de l'extension des prairies, les efforts combinés de l'agriculture et de l'industrie pour la création de produits nouveaux, pour celle de voies de transport par terre et par eau et de débouchés extérieurs ; dans les pays maritimes, les expéditions lointaines, les contrées à explorer dans les différentes parties du globe, l'industrie des constructions navales et des transports maritimes, les travaux à exécuter pour la création de bassins, d'écluses nouvelles, de docks et d'entrepôts, se joindraient aux intérêts agricoles et manufacturiers pour former un fonds de crédit et de circulation actif et inépuisable.

Nous ne faisons qu'indiquer à grands traits ces veines de prospérité et de puissance qui feraient de la richesse particulière la richesse publique. L'exemple de la banque de Lyon, qui a maintenu le taux de l'escompte à 3 pour cent, au milieu de la crise actuelle, et sa prospérité croissante par l'effet même de son dévoûment désintéressé à procurer des ressources au travail et à l'industrie, démontre que ces institutions locales sont de véritables bienfaits, et qu'elles seules peuvent corriger l'égoïsme et la cupidité, ou remédier à la panique de la banque centrale et de ses succursales.

Quant au mécanisme de ces institutions de crédit fondées sur le sol, l'industrie et le travail réunis, voici comment on pourrait l'organiser. Dans toutes les parties du territoire où le besoin s'en ferait sentir, pourraient se former des associations de propriétaires fonciers qui mettraient en commun, pour subvenir à l'impuissance et à la stérilité des propriétés trop morcelées en France, des terres ou domaines susceptibles de présenter, par de vastes exploitations d'ensemble et par un immense système d'irrigations et de créations de prairies, de grands et de solides résultats ; et ces associés offriraient l'hypothèque collective de ces fonds de terre et de leurs améliorations futures à l'ouverture d'un crédit. Des capitalistes, commerçans ou industriels pourraient joindre à ce crédit foncier leurs capitaux, soit en numéraire, soit en actions ou autres valeurs jugées acceptables. Les ouvriers seraient admis à y verser leurs épargnes, et ces associations, bien assises et généralisées, offriraient un placement aussi avantageux que solide aux fonds des caisses d'épargne, qu'on centralise aujourd'hui à Paris, où le trésor est également embarrassé à en tirer parti quand la confiance règne et à les rendre quand elle se retire. Les ouvriers seraient également reçus à y verser un fonds de promesse de travail personnel applicable à telle ou telle industrie, à telle ou telle entreprise continentale ou maritime. Ce fonds de promesse de travail serait évalué suivant l'âge, la force, l'habileté, la profession. Des actions seraient échangées entre ces versemens ou engagemens et produiraient un intérêt de 4 pour cent, indépendamment des dividendes. Un papier circulant ou bien des billets payables à un jour de vue, seraient créés à l'instar de la Banque de France, et ils feraient fonction de numéraire.

Ainsi que nous l'avons dit, de vastes exploitations agricoles et industrielles, de défrichemens, de dessèchemens de marais, d'irrigations, de reboisemens, d'expéditions maritimes lointaines, des travaux de canalisation, de routes vicinales, de grande communication, ou de chemins de fer dont les embranchemens multipliés seront si nécessaires pour compléter le réseau à peine ébauché en France, qui ne dessert que quarante-huit villes principales, seraient l'objet de ces associations. Elles feraient aussi jusqu'à concurrence d'une somme et sous des conditions déterminées, l'escompte du papier de crédit, des avances soit aux cultivateurs, soit aux industriels, négocians, marchands, ouvriers. Les fonds de terre, l'industrie et le travail y feraient donc l'office de créditans, comme l'Etat met en adjudication un emprunt dont il offre la garantie ; et tous ensemble ils y feraient l'office de prêteurs ou de crédités, ou d'exploitans des diverses branches du crédit agricole, manufacturier et de commerce. Un fonds d'amortissement serait facilement créé, et

il éteindrait en peu de temps la dette hypothécaire et chirogra-
phaire de ces associations.

Quelquefois ces associations pourraient se borner à n'avoir qu'un
caractère purement rural, quel que fût le désintéressement des
prêteurs qui n'en feraient point un objet de spéculation; les facilités données au crédit se réaliseraient par des billets susceptibles
d'entrer dans la circulation commerciale, avec la garantie de l'association qui en aurait prêté le montant.

Mais pour donner à ce système de crédit un développement pratique répondant aux besoins du pays, il faut, comme condition in-
dispensable, l'accomplissement de l'association naturelle et sociale
des communes et des provinces, et non pas seulement l'association
de quelques propriétaires et de quelques capitalistes pris indivi-
duellement. On comprend l'énergie et l'efficacité de banques *ter-
ritoriales-industrielles* qui seraient des établissemens d'utilité publique dans les diverses circonscriptions provinciales, fondés sur
leur richesse spéciale, et la facilité de la mise en rapport de ces
banques entre elles et avec la banque centrale, ainsi que le surcroît
de puissance que recevrait le crédit public de ces communications
et de cet ensemble.

Ce système de crédit se relie donc essentiellement, comme on
voit, à l'organisation communale et à la décentralisation du pays,
et à cet ensemble plein de vie, d'agrégations territoriales ayant
une existence propre et formant des individualités sociales qui, loin
de nuire au pouvoir et au crédit central, les fortifieraient, au contraire, comme les membres concourent à l'harmonie et à la force
du corps.

Mais le congrès doit traiter ce point de vue spécial de notre organisation politique, pour montrer que la vie, que la richesse et la
puissance de la France résident dans la multiplication des produits
de son sol, unie au développement subsécutif de l'industrie manufacturière et maritime, et que ce n'est que dans cette union que
l'on peut trouver les ressources du crédit, les moyens de mise en
valeur, et un abri certain contre la disette et la famine.

Du reste, l'on pourrait séparer les banques locales des associations ou entreprises agricoles et industrielles, et lier au développement de ces entreprises le développement parallèle d'institutions
de crédit et de factoreries, qui, tour à tour, commanditeraient et seraient commanditées ou garanties par les centres de production, de
travail et de richesses réelles. Ces banques et factoreries feraient un
appel à tous les genres de capitaux, elles s'appliqueraient à les lier,
à les unir, à leur donner une valeur toujours croissante dans la circulation. Ce qu'on a fait pour les chemins de fer, simples véhicules
et auxiliaires du commerce et de l'industrie, doit se faire à plus
forte raison pour le complément nécessaire de ces chemins, pour
ce qui seul peut en assurer l'efficacité, l'utilité pour le pays.

Nous croyons aussi devoir appeler l'attention de la presse sur les
moyens de réaliser par la législation ces rapports nécessaires, cette
solidarité de l'agriculture et de l'industrie, et la corrélation intime
de leur prospérité avec celle de notre marine marchande.

Les intérêts de l'agriculture, en effet (1), sont étroitement liés à ceux du commerce national et de la marine marchande. Le système prohibitif ou la protection exagérée ne sont moins moins funestes aux intérêts bien entendus des cultivateurs, que ne le serait la liberté inintelligente et absolue des échanges. Maintenir les tarifs actuels sur les matières premières, c'est enlever aux autres peuples le moyen de payer nos produits et par conséquent de les acheter ; c'est concentrer à l'intérieur notre activité commerciale et nos débouchés, et faire à nos producteurs en général et aux cultivateurs en particulier, le sort qui est résulté pour les propriétaires de vignobles, des prohibitions portées contre les fers de Suède, les bestiaux de Suisse et d'Allemagne, et autres articles dont les retours se faisaient si avantageusement pour notre pays.

Le commerce extérieur est le fondement du commerce intérieur. On ne doit pas oublier, d'ailleurs, que certaines marchandises étrangères sont indispensables à la fabrication des produits, dans lesquels cependant les matières françaises entrent dans une proportion plus considérable. Telles sont les soies d'Italie, du Levant et de la Chine, les laines de Saxe, du Maroc, d'Espagne; prohiber ou renchérir ces matières, c'est nous interdire la fabrication d'une foule de tissus destinés à l'étranger, ou bien augmenter leur prix de revient, et nous mettre hors d'état de soutenir la concurrence sur les marchés du dehors; c'est enfin diminuer d'autant la consommation des matières nationales, et par conséquent nuire à l'agriculture. Le monopole augmente transitoirement les recettes des producteurs, mais il resserre le débouché de leurs produits, arrête la multiplication de ceux-ci, et rend l'agriculture d'abord stationnaire et bientôt rétrograde.

L'intérêt de l'agriculture n'est pas moins lié avec celui de la marine. En effet, un peuple qui ne fait pas lui-même le transport des objets qu'il vend ou achète, s'expose, d'une part, à voir une grande partie de ses produits délaissés, et à ne récevoir que ce qu'il convient au navigateur étranger de venir déposer dans ses ports. On fait, en un mot, ses affaires pour lui. La nation maîtresse d'une marine florissante peut, au contraire, offrir au dehors ses divers produits dans la proportion la plus convenable, faire naître peu à peu chez les consommateurs du dehors les goûts et les habitudes favorables à ses intérêts. Elle peut également choisir entre les marchandises étrangères, s'assurer, l'argent à la main, des qualités supérieures, n'acheter que ce qu'elle veut et dans la proportion qui lui convient. Évidemment des avantages pareils ne peuvent être que favorables à l'agriculture, comme la domination de l'étranger lui est nécessairement funeste.

Or, la marine française ne se relèvera jamais si l'on ne réduit les droits énormes sur les bois, le fer et le chanvre qui rendent ses navires trois fois plus chers que ceux de certains peuples, les sujets italiens de l'Autriche, par exemple. Elle ne se relèvera jamais si

____

(1) Ces réflexions appartiennent à M. Abel, directeur de la *Gazette du Midi*.

nos tarifs de douanes lui interdisent de fait, le transport des marchandises qui, seules, ont assez de poids et de volume pour faire la base d'un chargement, et l'obligent ainsi à ne gagner qu'un fret pour le double voyage d'aller et retour, quand les Anglais et les Américains en reçoivent toujours deux.

Enfin, la marine française ne se relèvera jamais si l'on maintient dans nos ports l'égalité entre ses navires et ceux des nations qui nous sont bien supérieures sous ce rapport. Mais l'avantage légal dont la marine française a besoin, doit lui être accordé par dégrèvement pour ses navires et non par nouvelle charge sur ceux des étrangers, car ceux-ci ne manqueraient pas d'user de représailles.

En résumé nous estimons :

Que les journaux doivent pousser de tous leurs efforts à l'association libre, générale, hiérarchique des agriculteurs, propriétaires fonciers et capitalistes, depuis les communes jusqu'au département, et même jusqu'à la capitale, à l'organisation de Sociétés de crédit agricole, unies, autant que possible, à celles de l'industrie et du commerce, et à l'application des caisses d'épargne, à cette œuvre si utile.

Ils doivent également appeler la révision du tarif de douanes, de manière à conserver seulement la protection véritablement nécessaire, à favoriser l'emploi et le débouché des matières premières françaises et des produits dont elles font partie, à supprimer les droits purement fiscaux établis sur des articles dont la France ne possède pas les similaires, ou les taxes qui, donnant des revenus insignifians, ne sont qu'une gêne sans compensation. Enfin ils doivent s'attacher à faire comprendre les suites déplorables qu'entraînerait l'anéantissement graduel de notre marine, et par conséquent la nécessité de la soutenir à l'aide de tous les moyens indiqués par les hommes spéciaux.

§ II. *Des impôts directs.*

La loi du 3 frimaire an VII (23 février 1798), relative à l'assiette, à la répartition et au recouvrement de la contribution foncière, porte : art. 1er. « Que le corps législatif établit chaque année une » imposition foncière (art. 303 de la constitution), et qu'il en déter- » mine annuellement le montant en principal et centimes addi- » tionnels. » L'art. 2 ajoute : La répartition de l'imposition ou » contribution foncière, est faite par égalité proportionnelle sur » *toutes* propriétés foncières, à raison de leur revenu net impo- » sable. » — L'art. 7, pour prévenir tout abus de la répartition, veut, « qu'il soit déterminé chaque année une proportion géné- » rale de la contribution foncière avec les revenus territoriaux, au » delà de laquelle la cote de chaque individu ne pourra être éle- » vée. — L'art. 8 ajoute : «La répartition de la contribution fon- » cière est faite par le corps législatif entre les départemens, etc. » Suit l'institution élective d'officiers municipaux et de répartiteurs pour la répartition de la contribution foncière entre les cantons, les communes et les contribuables.

Ces dispositions et celles qui ont succédé ont donc établi comme base fondamentale de l'impôt foncier : 1° sa fixité ; 2° sa proportionnalité au revenu net de chaque héritage ; 3° son égalité proportionnelle entre tous les départemens et entre toutes les propriétés sans distinction.

La charte constitutionnelle n'a fait que reproduire ces prescriptions (art. 2, 40, 41), puisées dans cette maxime d'éternelle justice : » Qu'aucun prélèvement, à titre de contribution publique , ne » peut être fait sur la fortune des citoyens sans leur consente- » ment. »

Il suit de là que le Congrès doit demander : 1° Que l'art. 2 de la loi du 17 août 1835 soit abrogé. Cet article porte que « l'impôt sur » les maisons et usines nouvellement construites, *doit augmenter* » *d'autant le contingent afférent au département, à l'arrondisse-* » *ment, à la commune dans la contribution foncière.* » Il résulte, en effet, de cette disposition de la loi de finance, que les maisons et usines sont passibles d'un surcroît d'impôt que ne supporteront point les propriétés rurales, et que l'impôt foncier n'a plus le *revenu net* de toute espèce d'héritage foncier *pour assiette et pour base*; que le principe fondamental de *la non distinction des biens* est violé, et que le contingent du département, de l'arrondissement, de la commune, cessera d'être fixe, et qu'ils supporteront un surcroît d'impôt qui n'aura pas été voté législativement; que l'impôt foncier deviendra un impôt de quotité comme les taxes indirectes, et qu'il croîtra avec le nombre des constructions nouvelles sans qu'on ait à s'enquérir ni du point de savoir si les constructions nouvelles constituent un accroissement de richesse , ou si elles ne remplacent pas purement et simplement les anciennes locations abandonnées, ni du point de savoir si, dans l'un et l'autre cas, le contingent afférent au département, à l'arrondissement et à la commune, est proportionnellement égal au contingent des autres départemens, des autres arrondissemens et des autres communes.

D'où il résulte que la péréquation des départemens entre eux par le dégrèvement, deviendra désormais impossible.

Le Congrès doit demander 2° que l'impôt foncier qui, en 1827, était dégrevé de 91,563,347 fr., et qui a été réduit de 1824 à 1835 à 154 millions, mais qui, depuis la loi du 17 août 1835, est remonté à 273 millions, et en y ajoutant les portes et fenêtres, les centimes additionnels, les droits d'enregistrement, timbre et hypothèque, à 507,018,176 fr., et constitue ainsi, en y joignant 600 millions de l'intérêt annuel d'une dette hypothécaire de 12 milliards , une charge foncière de 1,500 millions sur un revenu brut de 1,600 millions ; que l'impôt foncier qui, avec toutes les autres charges directes, est augmenté depuis 15 ans de 28 0|0, qui absorbe les $^{60}/_{100}$ᵉˢ du revenu territorial, et dont les $^{40}/_{100}$ᵉˢ restant suffisent à peine au paiement de l'intérêt de la dette hypothécaire et aux besoins de la famille propriétaire, SOIT RAMENÉ A UN TAUX SUPPORTABLE QUI NE DÉTRUISE POINT LA PRODUCTION TERRITORIALE DANS SA SOURCE.

Le Congrès doit demander, 3° que l'impôt des portes et fenêtres qui, depuis 15 ans, a été augmenté de 116 0|0, et qui est devenu un impôt de quotité qui fait payer au pauvre ouvrier le filet de lumière qui éclaire son travail, sans égard à la répartition générale du revenu et des charges proportionnelles qui ne doivent peser que sur le revenu, SOIT RAMENÉ dans son assiette et dans son chiffre, à une charge supportable pour les classes laborieuses.

Un étrange escamotage s'est fait à la suite du recensement que le génie de la fiscalité a inventé en 1841-1842. Les chambres, les conseils généraux des départemens et d'arrondissemens, avaient aveuglément adopté l'état de répartition générale fait sur les tableaux de recensement, parce qu'ils avaient cru à un dégrèvement de 18 0|0 pour les contribuables. Mais quand il a fallu faire participer les individus à ce dégrèvement résultant pour chaque cote individuelle de nouvelles ouvertures, on a éludé cette nécessité de matrices nouvelles, qui aurait fait porter l'impôt sur une infinité de misérables lucarnes, de petits trous à air, de filets de lumière, et l'on a fait porter sur les anciennes matrices et les anciennes cotes l'aggravation de l'impôt, convertissant ainsi la contribution des portes et fenêtres en impôt de quotité, et, ce qui est plus monstrueux encore, faisant payer cet impôt de quotité à ceux à qui n'appartenaient point les ouvertures nouvellement recensées !

Le Congrès doit demander : 4° Que l'article 2 de la loi du 4 août 1844 qui veut « que le contingent de l'impôt personnel et mobilier, à partir du 1er janvier 1846, soit augmenté dans la proportion du 20e de la valeur locative des locaux consacrés à l'habitation personnelle, à l'égard des maisons nouvellement construites, à mesure que ces maisons seront soumises à la contribution foncière, » soit abrogé comme substituant un impôt de quotité à un impôt proportionnel et fixe.

Cette disposition viole manifestement les bases constitutionnelles de l'impôt foncier et de l'impôt personnel et mobilier, proclamées en 1789, 1790 et 1791. « Il sera établi, dit l'article 1er de la loi du » 13 janvier 1791, une contribution mobilière dont la somme *sera* » *déterminée chaque année.* » — Art. 2. « La législature déterminera » chaque année la somme de la contribution mobilière d'après les » besoins de l'Etat, et, en la décrétant, en arrêtera le tarif. » — « Cette disposition commune à la contribution foncière, dit l'ins- » truction annexée à cette loi, a été dictée par la nécessité de *pré-* » *venir les accroissemens de contributions, trop fréquens sous l'an-* » *cien régime,* c'est à dire depuis la suspension des Etats géné- » raux. Les législatures vérifieront chaque année les besoins et » les ressources du trésor public : Elles fixeront, en raison des be- » soins, la somme de la contribution mobilière, et chaque départe- » ment, chaque district, chaque municipalité, sauront, après la » répartition faite, quelle est la somme précise qu'ils auront à » payer. »

Eh bien ! c'est tout le contraire qui arrivera en vertu de la loi du 4 août 1844. L'impôt mobilier croîtra indéfiniment avec les maisons, habitations et usines nouvellement construites, sans égard à la fixité du contingent proportionnel au revenu de chaque département, et en frappant, au contraire, d'une taxe progressive, une espèce particulière d'héritage, en violation de la loi fondamentale qui prohibe toute distinction entre les biens fonciers.

Le Congrès doit, en outre, réclamer la cessation de l'intolérable abus d'un tarif substitué par le conseil municipal de la Seine à la répartition au centime le franc des loyers, abus consacré pour toutes les communes, par la loi de finances du 3 juillet 1846, qui autorise les conseils municipaux à répartir ce qui reste du contingent de l'impôt personnel et mobilier, prélèvement fait de la partie prélevée sur les caisses municipales, *d'après un tarif gradué en raison de la proportion ascendante des loyers.*

Le Congrès doit demander que l'on réduise la contribution personnelle et mobilière qui, depuis 15 ans, a été augmentée de 42 0|0, et que l'appréciation des valeurs locatives soit faite, non par des agens des contributions directes, mais par les délégués des conseils municipaux.

Le Congrès doit demander 5° Que l'impôt des patentes soit corrigé dans les bases que lui donne la loi du 25 avril 1844, 1° En ce que cette loi étend arbitrairement le droit proportionnel réglé sur la valeur locative, aux maisons et habitations qui peuvent n'être point habitées en totalité par l'industriel, ou qui peuvent ne servir qu'à l'habitation de sa famille ou de ses associés, sans aucun rapport avec le travail de l'usine ou de l'atelier ; 2° En ce qu'elle fait payer deux fois par le prélèvement du 20e de la valeur locative de la maison d'habitation, l'impôt mobilier qui ne doit être perçu qu'une fois sur les locaux servant à *l'habitation personnelle* des contribuables ; 3° En ce qu'elle règle le droit proportionnel sur la valeur locative du local pris dans *son ensemble physique,* et muni de tous ses moyens naturels de production, sans avoir égard à la détérioration de l'outillage et des usines, si sagement prévue et déduite de l'estimation des valeurs locatives par les lois précédentes, notamment par les lois du 30 mars et du 6 avril 1791, et sans égard aussi au produit effectif ou présumé du travail qui n'a point un rapport nécessaire avec l'appareil et l'étendue matérielle de ces établissemens industriels, lesquels peuvent ne fonctionner que rarement, ou ne produire que fort peu en comparaison d'un local infiniment moindre, ou d'un outillage et d'un mobilier industriel moins importans ; 4° En ce que cette loi renverse le système protecteur des patentables, établi par les lois des 1er et 2 brumaire an VII, en supprimant le travail préliminaire et nécessaire des répartiteurs communaux, en attribuant au directeur des impôts directs SEUL, le droit de procéder au recensement des patentables et à la formation des matrices des patentes, le droit de juger avec le ministre SEUL les points contestés, et en supprimant l'arbitrage des maires et des répartiteurs et jusqu'à la juridiction du conseil d'Etat.

La presse doit signaler cette loi des patentes comme étant un moyen dont le gouvernement s'est servi pour fausser la sincérité des élections.

§ 3. *Des impôts indirects.*

Quels sont les moyens d'améliorer le système de nos impôts indirects?

Doit-on chercher, dans l'excédant de l'impôt indirect, les moyens de dégrèvement de l'impôt foncier?

L'excès de l'impôt indirect attaque les sources de la production et du travail, et c'est dans un meilleur système d'administration, d'assiette et de perception, qu'il faut chercher les moyens de dégrever le sol de ses nombreux tributs et de l'inégalité de leur répartition.

Nous ne saurions admettre avec un financier habile, **M.** le marquis d'Audiffret, que l'infériorité de nos 500 millions de taxes indirectes, comparées au milliard de mêmes taxes que paie l'Angleterre, soit un mal. Il est constant que ce milliard que paie l'Angleterre réagit d'une manière funeste sur son agriculture qu'il a fait rétrograder; et l'on comprend, en effet, que l'excès des taxes indirectes tarit la subsistance, le travail et le revenu de la terre.

La modération des droits est à la fois une source d'aisance pour les particuliers, de prospérité pour le commerce et l'industrie, et de richesse pour le Trésor. Nous avons sous les yeux l'exemple de sir Robert Peel, qui a réduit de 83 millions le droit de douane et de consommation en Angleterre, et qui a donné ainsi, sans diminuer le revenu du Trésor, un nouvel essor à la fortune commerciale de son pays.

Le Congrès doit proposer d'appliquer en France cette vérité : 1° à la réduction des droits de timbre, de mutation, de transcription, d'hypothèques, etc. ; 2° à la réduction des droits sur les vins, sur les sucres, et à la transformation des octrois ; 3° à la réduction des droits de douane sur tout ce qui n'exige pas un droit différentiel suffisant pour protéger notre pavillon et notre industrie, et de purger le tarif essentiellement destiné à cette protection, de toute fiscalité ; d'abolir en conséquenc toutes les prohibitions, de diminuer progressivement les droits différentiels quand ils ne sont pas protecteurs de l'industrie; et, dans aucun cas, le gouvernement ne doit percevoir à la douane de droits purement fiscaux ; de supprimer à la douane les taxes de consommation comme purement fiscales et de les modifier considérablement à l'intérieur ; de remanier et de réduire les droits sur les boissons et le mode de perception.

La véritable assiette de l'impôt indirect est celle qui résiste aux crises, et qui, par conséquent, frappe le moins sur les classes laborieuses. Or, le produit de l'impôt sur les boissons n'a pu résister en France à la crise des subsistances ; il a diminué pour le premier trimestre de 1847, de 482,000 fr., tandis que dans la même période de temps, il a augmenté en Angleterre. Quelle en est la raison? C'est qu'en France l'assiette de l'impôt est mauvaise en ce qu'elle frappe directement sur les classes laborieuses. Si un droit unique et modéré de consommation était perçu sur les boissons, évidemment la consommation et la recette seraient plus considérables.

Le même raisonnement s'applique à la taxe des lettres, et, en général, aux droits portés trop haut sur certaines marchandises, telles que les fers étrangers qui, s'ils avaient pu être introduits en France, auraient augmenté de plusieurs millions la recette sur les marchandises diverses qui a diminué dans le même trimestre de 3 0/0.

Nous devons appeler ici l'attention du Congrès et de la presse sur ce qui est, selon nous, la véritable *raison de décider* en faveur de la taxe uniforme des lettres : c'est que cette taxe ne doit être considérée ni comme la rémunération d'un service de transport, ni comme un impôt indirect, mais uniquement comme un impôt direct, ayant pour assiette non les dépenses du transport, mais de l'utilité dérivant pour chacun d'un besoin universel de communication intellectuelle de tous les instans formant la vie et l'unité du corps social, besoin universel auquel doit correspondre un service universel et public, qui est une dette des États civilisés, comme la force armée, l'administration, la justice, la marine, etc... Cet impôt doit dès lors être fixe, proportionnel à l'utilité ou à l'avantage tiré par chacun de ce domaine intellectuel, et avoir pour base d'évaluation le rapport général et constant entre le chiffre total de cet impôt correspondant aux besoins généraux de l'État, fixé par chaque législature, et la masse de la circulation épistolaire, et non la base arbitraire et inique des zones et d'un tarif gradué sur les distances. Cette taxe sera donc uniforme pour tous, comme expression de ce rapport général; et le produit de l'impôt pesant sur chaque citoyen, sera proportionnel au nombre des lettres reçues par lui, par conséquent égal pour tous, ce qu'exigent impérieusement l'équité sociale et les lois fondamentales constitutives de l'impôt direct en France, ainsi que nous l'avons vu.

Enfin le Congrès doit demander la réduction du droit sur les sels, montant à 60 millions, dont l'agriculture supporte les deux tiers.

§ 4. *Droits d'importation et d'exportation sur les céréales. — Subsistances.*

Il importe d'approfondir la question de l'échelle mobile ou du droit fixe, pour que les intérêts de l'agriculture et de l'approvisionnement du pays soient conciliés. Il nous paraît qu'un droit fixe, basé sur une éventualité dont il serait facile au commerce d'apprécier la vraisemblance et même la certitude, serait préférable à cette variation continue qui rend impossible une spéculation lointaine et de quelque importance, tout en maintenant l'abolition des dispositions des lois des 16 juillet 1819, 7 juin 1820 et du 1er juillet 1822, qui prohibaient éventuellement l'importation et l'exportation.

SECTION DEUXIÈME.

MARINE ET COLONIES.

§ 1. *Marine militaire.*

La France est une puissance maritime et continentale, c'est la condition complexe et indivisible de son existence et de sa prépondérance comme nation. Sans sa participation suffisante à l'empire des mers, la France est déshéritée de sa puissance continentale, et c'est par cette raison que depuis deux siècles l'Angleterre n'a cessé de faire tous ses efforts pour empêcher le développement de notre marine et de notre système colonial, qui est à la marine ce que les positions militaires et les places fortes sont au territoire national; c'est pour cela que l'Angleterre s'est efforcée de porter le théâtre de nos guerres sur le continent, et de conquérir ainsi, selon l'expression de Pitt, l'Amérique en Allemagne.

Or, l'état actuel de notre marine militaire est déplorable.

Notre flotte à voiles est réduite à 23 vaisseaux de ligne, et ces 23 vaisseaux restans sont réduits par le fait, à la valeur de 12, parce qu'il y en a 16 de refondus.

Le nombre de nos frégates a diminué de 15, de 1837 à 1843, et il est réduit à 30 dont beaucoup sont en mauvais état. De sorte que la force navale prescrite par l'ordonnance de 1837 n'existe pas en France.

Quant à nos bâtimens à vapeur, sur 43, 17 sont à peine capables de faire la guerre, tous sont atteints de vieillesse, et il n'y en a pas 6 qui pourraient supporter le parallèle avec les vapeurs anglais.

L'Angleterre peut mettre en ligne des forces navales quintuples des nôtres.

Notre budget maritime a doublé depuis 1828; il n'était alors que de 62 millions, et notre effectif montait à 40 vaisseaux de ligne et à 50 frégates. Le budget est aujourd'hui de 120 millions, et nos arsenaux maritimes sont dégarnis, nos approvisionnemens nuls et nos chantiers déserts.

Grâce à l'absence de tout contrôle régulier, les matériaux disparaissent, les doubles emplois se multiplient, les pièces comptables sont sans valeur. Grâce à la confusion de l'atelier et du magasin, aucun contrôle de fait ne s'exerce sur les approvisionnemens et sur la destination qu'ils ont reçue. Qu'une guerre vienne à éclater, ou que l'un de ces grands débats que peut, d'un moment à l'autre, soulever l'état de la politique actuelle, vienne à se vider sur les mers, quel rôle jouera la France?

En présence de cet état de choses désastreux, le congrès doit appeler l'attention de la presse sur ce sujet si important, et l'engager à indiquer, 1° comme la première de toutes les mesures à prendre, d'assurer par des enrochemens et des forts, par des batteries inexpugnables, la protection et la défense de notre littoral, et de plus le nombre et l'inexpugnabilité de ces forteresses flottantes à vapeur qui couvriraient nos côtes et menaceraient celles de l'ennemi.

Cela est d'autant plus nécessaire, que l'Angleterre affecte la plus grande assurance et proclame hautement la conviction qu'avec sa marine à vapeur militaire et marchande, qui dépasse un tonnage d'un demi-million, et qui est de près d'un million de tonneaux, et une marine militaire à voiles plus considérable encore, elle regarde toute invasion de ses côtes comme aussi impossible que celle du pic de Ténériffe, et qu'elle se flatte, en cas de guerre, de détruire dans l'espace d'un mois, la marine à vapeur de la France, à l'aide des canons de gros calibre dont sont armés ses vapeurs de première classe, et qui ont une portée plus grande que les canons dont on se sert à terre. Sans doute sa confiance sous ce rapport n'est pas aussi entière qu'elle le dit, car elle se livre à d'immenses travaux pour fortifier notamment la partie de ses côtes qui avoisinent la France de l'ouest à l'est. Elle menace, de Saint-Malo à Dunkerque, notre littoral de centres de protection et d'agression, dans un développement de plus de 150 lieues, depuis Falmouth jusqu'au delà de la Tamise. Cette chaîne de centres de protection et d'agression multiplie ses anneaux à mesure qu'elle s'approche plus de la côte de France. Quatre nouvelles positions sont ajoutées à la série des ports de refuge qui protégent déjà la côte sud-est de l'Angleterre. De l'ouest à l'est, ces ports de refuge sont Falmouth, Plymouth, Darmouth, Southampton, Portsmouth et la Tamise ; et une commission, composée des hommes les plus habiles, a été chargée d'établir un ancrage et un mouillage sûrs dans la baie de Douvres, un brise-lame protégeant un mouillage, à Seaford, de 120 hectares, et à Portland également de 120 hectares. Ces ports et ces positions nouvelles, de l'ouest à l'est, s'entrelacent de telle sorte, que 5 de ces ports peuvent recevoir 5 armées navales et servir de ports à 5 expéditions de puissans navires à vapeur qui, du point le plus éloigné, ne mettront que 7 heures, et du plus rapproché ne mettront qu'une heure pour attaquer notre côte. Tous ces ports et mouillages fermés offrent un abri sûr aux navires de commerce, et à l'aide des navires à vapeur, des voies ferrées, de la télégraphie de terre, le mouvement des forces navales et militaires sur tous les points de la côte britannique, aura la rapidité de la foudre.

2° A ce formidable front d'attaque et de défense, il faut opposer les mesures suivantes :

1° Rétablir le port de Dunkerque en port militaire, le lier à celui de Gravelines par le prolongement du canal de Mardyck, et appeler l'attention de la presse sur les plans admirables tracés par le savant ingénieur M. Cordier, député du Jura, dans les numéros du *Commerce de Dunkerque* du 12 décembre 1846, 2, 9, 18 mars 1847, et numéros suivans. Il est d'expérience que la disparition de ce port militaire dans le nord, notre avant-poste contre l'ennemi, notre unique position sur la Manche et la clé de la mer du Nord, a été la cause de l'infériorité de la marine française, et qu'aujourd'hui même c'est un vide qui rendrait impossible l'attaque et la défense de nos côtes maritimes.

2° Après avoir opposé ce front redoutable aux centres d'agression dè Portsmouth à Seaford, de Seaford à Douvres, de Douvres à la Tamise, et de Douvres à Harwick, par l'exécution à Dunkerque d'importans travaux de mer, à l'instar de ceux de Douvres, et de brise-lames à Gravelines, à Calais et à Boulogne, relié ces trois ports entre eux par des travaux d'attaque et de défense, il faudrait progresser ainsi du Havre à Cherbourg, de Cherbourg à Saint-Malo : un 1er centre de protection et d'agression à Dunkerque, un 2e à Calais et Boulogne, un 3e au Havre, un 4e à Cherbourg, un 5e à Saint-Malo, un 6e à Lorient, un 7e à Brest. Des télégraphes électriques joints aux voies ferrées dirigées vers ces points divers, avec les ressources de l'art nautique, de l'hydrographie et des constructions hydrauliques, donneraient un puissant essor à nos communications de la capitale avec la côte, et à nos moyens d'attaque et de défense.

3° La troisième mesure à indiquer par le Congrès et par la presse, c'est d'agrandir le cadre de nos officiers supérieurs, qui se rétrécit tous les jours, à l'inverse de celui de l'Angleterre, et le cadre des capitaines et des grades inférieurs, qui diminue pareillement et qui est livré à un système d'avancement qui l'attarde et l'énerve.

4° De faire passer la sûreté avant la rapidité des communications, et de donner un caractère à la fois militaire et commercial à la construction des vapeurs transatlantiques, en ne les livrant point à la seule industrie.

5° De regarder comme complètement insuffisante l'injonction parlementaire faite au ministre relativement à l'état de l'inscription maritime, des bâtimens à voile et à vapeur, des approvisionnemens, des vaisseaux et frégates en construction ; mais de s'occuper, au contraire, de l'augmentation de notre flotte et de l'organisation d'un corps administratif qui dirige habilement, sans les confondre, les ateliers et les magasins.

§ II. Marine marchande.

L'infériorité de la marine marchande française (1), comparativement à celle de l'étranger, et sa décadence graduelle, sont des faits malheureusement trop réels et désormais hors de discussion. Les causes de cette infériorité sont nombreuses, et l'influence de chacune d'elles se fait plus particulièrement sentir dans notre lutte avec les divers pays qui entrent chaque jour en concurrence avec nous.

S'il s'agit, par exemple, de la marine autrichienne, de celles de Naples, de Gênes, du royaume grec et des marins de la même nation qui voyagent sous pavillon russe ou ottoman, la supériorité de nos concurrens tient surtout à la valeur comparativement énorme que l'argent conserve encore chez eux, c'est à dire au bas prix des salaires et de tous les objets d'approvisionnement. De plus, la différence du régime établi sur la majorité de leurs navires, et de ce-

---

(1) Ces réflexions, jusqu'à ces mots : On a prouvé que le libre-échange nuirait à notre marine, etc, appartiennent à M. Abel, directeur de la Gazette du Midi.

lui qui est généralement adopté sur les nôtres, est pour nous une cause puissante d'infériorité.

Ainsi, les Français naviguent ordinairement aux salaires, c'est à dire que l'armateur se charge de toutes les dépenses et a seul la possession totale du fret. Il en résulte que, mauvais ou prospère, le voyage doit toujours être payé d'après les accords primitifs ; de plus, la nourriture de l'équipage étant donnée par l'armateur, sans que l'économie qui pourrait y être apportée doive profiter à d'autres qu'à lui, il en résulte que les matelots doivent tendre toujours à la rendre aussi abondante, aussi agréable au goût, et par conséquent aussi chère que possible.

Au contraire, les marins de Trieste et Venise et des autres ports autrichiens d'Italie, les Gênois, les Napolitains et les Grecs voyagent à la part ; pour eux la navigation est une entreprise commune. L'armateur y met ses capitaux, le capitaine et les autres officiers leur expérience, les matelots leur travail. Les dépenses sont prélevées sur le produit du fret, et ce qui reste est partagé entre les parties intéressées, d'après des bases convenues. Dès lors, toute économie apportée dans le voyage est un bénéfice, non pas seulement pour l'armateur ou le capitaine, mais pour tout le monde jusqu'au dernier homme du bâtiment. Il en résulte que tous sont disposés à réduire les dépenses au plus strict nécessaire, et que l'équipage est, par intérêt personnel, plus économe que le capitaine.

A cette cause de supériorité, les peuples de l'Adriatique joignent celle qui résulte du bas prix des bois et des chanvres que nous allons prendre chez eux et sur lesquels nous avons eu la maladresse d'établir des droits considérables. De plus, la main-d'œuvre n'étant pas renchérie, comme chez nous, par les taxes de consommation, par le haut prix des loyers et de tout ce qui est nécessaire à la vie, un navire peut être construit chez eux avec une économie énorme.

La marine russe aurait sur nous d'immenses avantages, comme ayant sous la main le bois, le chanvre et des ouvriers à bon marché ; mais le gouvernement despotique et aristocratique de ce grand empire, l'existence du servage et l'apathie générale qui en est la suite naturelle, dans un pays où la classe moyenne est, pour ainsi dire, encore à former, ces causes diverses et d'autres encore ajournent une concurrence qui pourtant devra se manifester assez promptement, parce que le chef de l'Etat et le sénat dirigeant y tendent de tous leurs efforts. On a pu en juger par l'ukase qui naguère frappa de droits prohibitifs la marine et le commerce des nations qui ne se montraient pas favorables au pavillon russe.

Hors de la Méditerranée, les causes d'infériorité pour notre marine sont d'une autre nature. Avec l'Angleterre et les Etats-Unis, par exemple, la principale est peut-être l'absence d'une marchandise française d'encombrement et de poids qui leste le navire, assure un fret raisonnable, et permette d'embarquer à un prix qui ne soit pas trop élevé, les marchandises riches, peu volumineuses et surtout peu pesantes, avec lesquelles on ne saurait faire un chargement complet.

L'Angleterre a pour fonds de cargaison la houille, le fer brut ou travaillé, l'acier, l'étain, le sucre raffiné que nous avions autrefois et qu'une trop faible évaluation de la prime de remboursement refoule aujourd'hui sur nos marchés intérieurs. Les États-Unis ont le coton, les bois d'ébénisterie, de teinture, les sucres de toute provenance. La France n'a que ses vins, et elle a réussi à les faire prohiber à peu près partout, grâce à sa mauvaise législation douanière.

Il ne faut pas oublier, d'ailleurs, que tout voyage est double, et que si, après être parti chargé, un navire revient à vide, ou bien s'il doit aller, avec peu ou point de marchandises, prendre un chargement à l'étranger, il y aura pour lui une course improductive sur deux, c'est à dire double fret à payer.

Eh bien ! ceux de nos bâtimens qui pourraient apporter dans la Chine, le royaume de Siam, la Cochinchine, etc., des cargaisons de vins et de produits français, n'ont rien à prendre au retour parce que nos tarifs rendent impossible l'entrée des sucres qui fourniraient la meilleure partie du chargement. De même, dans l'Amérique du Nord, dans l'Inde, dans presque tous les pays, la marchandise d'encombrement, celle qui ferait la base du fret, est repoussée par nos tarifs. Il n'est pas jusqu'aux bois d'ébénisterie qu'on a grevés de droits énormes, sans doute de peur qu'on ne détruise pas assez vite les quelques pieds de frêne, de noyer ou de cerisier qui nous restent.

Les Anglais et les Américains, au contraire, reçoivent toutes les marchandises, sauf à faire, s'il le faut, plusieurs voyages dans un seul, pour se débarrasser de leur chargement ou le compléter dans divers ports ; ils ont ouvert leurs manufactures à tous les produits, et n'ont pas écouté les intérêts particuliers qui se trouvaient en opposition avec l'intérêt général.

Pour donner plus de vigueur à la marine française, il faudrait donc remanier nos tarifs en ce qui concerne les fers, les sucres et toutes les marchandises d'encombrement ; diminuer le rendement légal des sucres bruts dans nos raffineries, de manière à nous trouver en mesure de lutter avec celles de l'Angleterre et de Hollande, favoriser les sucres et autres produits des pays situés au delà de la Sonde, en y comprenant Batavia, où nos navires compléteraient leurs chargemens ; affranchir de tout droit de douane et d'octroi, les bois de construction, faire de même pour les chanvres, n'imposer qu'un très faible droit aux pièces considérables de fer ouvré qui entrent dans la formation des bâtimens ; revenir le plus tôt possible sur les traités de navigation conclus avec l'Angleterre, les États-Unis et la Hollande. Les premiers approchent de leur terme légal, et l'autre a été de notre part un sacrifice sans compensation. Il était d'ailleurs absurde d'admettre sur le même pied que les bâtimens nationaux, ceux de trois pays qui ont tant d'avantages sur nous par leur législation commerciale et maritime.

La réduction des taxes locales, c'est à dire la transformation des octrois, pourrait avoir une heureuse influence sur le prix des constructions navales et sur le salaire des marins ; mais cette question est trop grave pour être traitée incidemment.

Enfin, l'adoption de droits différentiels ou plutôt d'adoucissemens du tarif en faveur du pavillon national, est une mesure que l'on peut croire nécessaire. Mais il serait très dangereux d'y voir le seul et infaillible remède aux souffrances de notre marine. D'abord, cette mesure serait contraire à la tendance générale des Etats européens, et si elle devenait finale, pourrait nous attirer des représailles fâcheuses; d'un autre côté, elle ne ferait que pallier le mal sans en détruire les causes. Il serait donc convenable de ne procéder que par réduction de droits en faveur du pavillon national.

Il est bien entendu que les transports opérés pour le compte de l'Etat devraient, comme on l'avait promis, être opérés exclusivement par navires français. Mais comme il serait possible d'abuser de cette faveur, les affrétemens devraient, sauf les cas d'urgence, être mis à l'adjudication publique, après avis officiels par affiches et dans les journaux. Le ministre devrait fixer un prix maximum sur lequel les concurrens proposeraient leur rabais.

Une meilleure organisation du service des classes et de la caisse des invalides de la marine, des facilités accordées aux étrangers qui voudraient servir sur nos navires et accepteraient les charges de l'inscription maritime, l'extension du cadre de cette inscription à nos principaux centres de navigation intérieure, tout ce qui peut enfin donner au marin de commerce plus de stabilité dans le service qu'il préfère, diminuer les chances d'embarquement sur les navires de l'Etat, offrir à sa vieillesse, par la pêche côtière, un travail lucratif et moins fatigant, et à ses derniers jours le repos et une pension; tous ces moyens et ceux qui tendraient à un but analogue, aideraient puissamment à ramener notre marine à la prospérité dont elle jouissait sous ses anciens rois (1).

On a prouvé que le libre-échange nuirait à notre marine ; mais l'on n'a pas examiné la question à ce point de vue décisif, savoir : que les souffrances actuelles de notre marine rendraient désastreuse la liberté illimitée du commerce, en nous inondant des produits de l'étranger. La richesse des peuples n'est pas seulement, comme l'enseignent Adam Smith et J.-B. Say, dans la division du travail, dans la production illimitée et dans l'abaissement des barrières de la douane ; elle est surtout dans l'étendue et la facilité des transports lointains. Si une nation manque de débouchés sur les mers, si ses mouvemens sont paralysés, la liberté illimitée des échanges ne pourra que lui être funeste, et l'on verra le travail national submergé par l'immense supériorité des marines anglaise et américaine. Vainement les tarifs protecteurs interdiraient-ils la libre concurrence de l'industrie étrangère avec notre industrie ; si ces débouchés extérieurs et maritimes manquant à nos produits, la navigation étrangère, même dans nos ports, absorbait la nôtre, comme cela arrive malheureusement aujourd'hui, et si l'on ne portait remède à cette législation internationale qui a livré à l'An-

---

(1) On peut consulter avec fruit une excellente brochure de M. de Fonmartin de l'Espinasse : *Appel au gouvernement et aux Chambres* sur notre marine marchande, où les vues les plus généreuses et les plus pratiques sont exposées avec patriotisme et profondeur.

gleterre et aux Etats-Unis les transports de l'Europe et nos propres transports.

Une autre mesure qui est la conséquence de celle-ci, c'est qu'il faut faciliter un grand mouvement de transports dans des *docks francs*, et étendre particulièrement cette franchise à ceux de nos ports qui ont à lutter contre des ports rivaux, comme Dunkerque relativement à Anvers. Les immunités et les encouragemens donnés à ce dernier port frappent de mort notre principal port du Nord, et livrent à la Belgique tout le transit de l'Europe septentrionale et de l'Allemagne centrale ; et bientôt cette prééminence du port d'Anvers, se combinant avec celle de Trieste, d'une part, et de Gênes de l'autre, tous deux *ports francs*, l'on verra s'annuler complètement notre ligne ferrée de Dunkerque à Marseille, et ces deux ports succomber devant leurs rivaux pris pour points de départ d'une autre route de l'Inde et du commerce des Deux-Mondes. L'institution de *ports francs*, sans nuire à la protection de notre pavillon, établissant des foyers neutres, des *bourses maritimes* où viendraient négocier et s'entendre les armateurs de l'univers, fourniraient nécessairement des frets nombreux et importans à notre marine, et rendraient efficaces les droits protecteurs, mais par là même modérés, de notre pavillon.

En étendant ce système de franchise ou d'*entrepôts francs* à nos colonies, en excluant le tiers-pavillon comme non intéressé à ces relations commerciales de la France et de ses colonies avec les pays de provenance ou de première exportation, et comme les troublant et les détruisant, au contraire, on arriverait à un vaste système de débouchés extérieurs.

Un marché comme la France ne saurait ne pas être un foyer d'attraction régulateur, et c'est précisément parce que nous manquons des marchandises d'encombrement, qu'il faut combiner, avec cette institution de ports francs, la remise en vigueur de notre acte de navigation et de l'esprit de la législation de Colbert, modelés sur l'acte de navigation de l'Angleterre, qui a fait la puissance et la supériorité de sa marine. Les traités de commerce favorables suivront nécessairement, et notre marine aura naturellement alors le transport des tabacs, des cotons de l'Amérique, des houilles, des bois et autres marchandises d'encombrement.

Ce sont les seuls moyens d'utiliser notre réseau de voies ferrées, qui, autrement, n'aurait été qu'une dépense improductive et désastreuse pour le pays, en présence de l'immense supériorité commerciale que ces mêmes chemins donneraient aux autres peuples.

Le Congrès doit en conséquence proposer :

1° De renforcer les droits protecteurs du pavillon national, en réalisant surtout cette mesure par l'adoucissement des tarifs en faveur de ce pavillon ; de rétablir la législation de Colbert avec les modifications voulues par l'état actuel des choses, et de remettre en vigueur notre acte de navigation du 21 septembre 1793, auquel il n'a point été légalement dérogé, notamment l'article 3, qui porte « qu'à l'avenir, aucune denrée, production ou marchandise » étrangère, ne pourra être importée en France, dans les colonies

» et possessions de France , que par des bâtimens français ou ap-
» partenant aux habitans du pays du crû, produits ou manufactu-
» res, ou des ports ordinaires de vente ou de première exporta-
» tion , les officiers et les trois quarts de l'équipage étant du pays
» dont le bâtiment porte le pavillon ; le tout sous peine, etc. » ;
et l'article 4, qui réserve aux navires français les transports par ca-
botage et la navigation avec les possessions françaises : dispositions en tout semblables à celles de l'acte de navigation renouvelé
de l'Angleterre, où les objets *mis à la consommation* ne peuvent
être importés que par des navires nationaux ou par des navires
des pays de provenance (art. 21 de l'acte de 1825).

2° De dénoncer la cessation des traités de 1822 et 1826 avec les
États-Unis et l'Angleterre, qui annulent complètement notre marine, notamment le traité du 26 janvier 1826 avec l'Angleterre, en-
tièrement éludé par elle en ce qui touche les produits exotiques
qu'elle transporte à Anvers par navires britanniques pour la consommation de la France, et plus particulièrement en ce qui concerne les produits d'Europe que l'Angleterre s'est subrepticement
réservé la faculté d'importer en France, lorsqu'ils auront été char-
gés dans les ports du Royaume-Uni, tandis que cette faculté est in-
terdite à la France. L'ordonnance du 22 février 1826 a aggravé cet
état de choses, en égalisant le droit de tonnage payé par les navires britanniques venant avec ou sans chargement des ports du
Royaume-Uni et des possessions dudit royaume en Europe dans les
ports de France, au droit de tonnage payé par les navires français
revenant des ports du Royaume-Uni et de ses possessions en Europe dans les ports de France : de telle sorte que les navires français ne payant qu'un droit de 1 fr. par tonneau, tout droit différentiel au profit de notre marine, si inférieure pour le nombre et
le fret, est anéanti.

3° De réviser nos tarifs de douanes sur tous les objets de consommation, sucres, cafés, et d'établir en principe et de maintenir
au besoin par une prime, le transport par navires français seulement, des houilles et des bois que l'État achète à l'étranger pour
l'approvisionnement de ses vapeurs et de ses arsenaux ;

D'autoriser, avec une simple charge de 0,50 c. de droit par
100 kilogrammes, l'introduction, dans nos ports, des chanvres bruts
ou teillés, des brais et goudrons, des cuivres et fers en barres ronds
ou carrés, destinés à entrer sous une forme ou sous l'autre dans
la consommation et l'armement de nos navires de commerce (**M.
Fonmartin de Lespinasse**).

4° D'organiser immédiatement des docks francs dans nos principaux ports.

5° D'accorder des primes à la navigation au long cours, comme
cela se fait à Anvers.

6° D'encourager les armemens à la pêche par des primes, et de
faire revivre par des primes la pêche à la baleine.

7° De proclamer la liberté des mers et cette maxime : *Le pavillon couvre la marchandise*, en abrogeant non seulement les traités de 1831 et 1833, mais même le traité Lusingthon, du 29 mai
1845, qui détruit l'indépendance de notre pavillon et qui viole plus

scandaleusement encore le droit international maritime, en autorisant le droit de vérification du pavillon des nations qui n'y sont point parties, et la traduction, comme coupables de piraterie, devant les tribunaux de France ou d'Angleterre, des bâtimens capturés comme convaincus de traite.

8° D'établir des écoles de mousses en mer, dans nos principaux ports, et d'apporter un soin particulier à leur éducation morale et religieuse.

9° De convoquer, comme le demande M. Fonmartin de Lespinasse, dans nos ports du Havre, de Nantes, de Bordeaux, de Marseille et de Dunkerque, des commissions composées d'armateurs et de capitaines, chargées, concurremment avec l'autorité maritime, d'aviser aux moyens de réglementer notre navigation sous pavillon national, de manière à ce que, dans l'intercourse avec chaque peuple, la composition de nos équipages et nos frais soient en rapport avec ceux des équipages étrangers.

§ 3. *Des colonies.*

Nous proposons aux méditations du Congrès et de la presse, les considérations suivantes, que nous ne formulons point en résolutions, à raison de la haute difficulté et de l'importance de la matière, désirant seulement appeler la controverse sur une question de la bonne solution de laquelle dépend l'avenir maritime de la France.

Jadis l'Europe faisait le commerce et la navigation des trois autres parties du monde, comme la France, l'Angleterre et la Hollande faisaient à peu près la navigation et le commerce de l'Europe. Mais les temps sont bien changés. Une nouvelle nation, rivale de l'Angleterre et de la France, a pris le sceptre du commerce dans le Nouveau-Monde, et dispute à l'Europe une grande partie de ses anciens avantages. Et dans l'Europe on voit de toutes parts se réveiller le génie du commerce et de l'industrie; la Prusse, l'Autriche et la Russie et bientôt l'inerte Espagne, cherchent dans la création de produits et dans leurs débouchés, de nouvelles sources de richesse. Cet élan commercial ne se borne pas aux États-Unis de l'Amérique du Nord ; le Mexique ne lui a disputé le Texas, il ne soutient la guerre contre l'Union ; la guerre civile ne divise les États méridionaux de l'Amérique du Sud ; d'autres petits États, tels que celui de Honduras, ne s'agitent pour trouver un patronage, que parce que tous veulent avoir leur part de cette civilisation nouvelle créée par l'industrie et le commerce. La Chine, l'Asie, ne restent point étrangères à ce mouvement. Partout les nations, même celles sur qui pèse un joug despotique, les peuplades des côtes d'Afrique, se remuent et semblent vouloir renaître à une nouvelle vie.

Au milieu de ce mouvement universel, le système commercial de l'Europe et particulièrement celui de la France doivent changer.

L'Angleterre qui, depuis long-temps a prévu cette transformation, a voulu s'en approprier les effets ; elle a modifié, dans ce but, son système colonial, et elle ne s'applique à apaiser les passions en

Irlande que pour se préparer aux grandes luttes que suscitera nécessairement cet état de choses dans les deux mondes. L'Angleterre a compris que l'incessante, l'immense circulation sollicitée chez elle par ses voies de fer, par cette innombrable marine, par ce développement gigantesque de la production industrielle de ses ateliers, nécessitait un nouveau système colonial.

Dès 1822, M. Robinson, chancelier de l'Echiquier, avait fait d'abord adopter deux bills, dont l'un établissait la liberté du commerce des Antilles anglaises avec toutes les contrées d'Amérique, et la seconde permettait à ces colonies d'envoyer leurs produits en Europe, pourvu que ce fût à bord de bâtimens anglais. Ensuite M. Huskisson, en 1825, franchissant de vieilles routines, fit établir la liberté du commerce entre les colonies des Antilles et les autres pays, soit avec bâtimens anglais, soit avec bâtimens de ces pays qui pourront importer dans les colonies *tous les fruits de leur sol ou de leur industrie* (exclusion du tiers-pavillon), et en exporter sans exception tous les articles qu'elles produisent, pour les transporter ou les faire transporter dans tous les ports du monde, le Royaume-Uni et ses dépendances exceptés. Ces colonies reçurent, en outre, le bienfait de l'entrepôt, la réduction de gros droits payés par les bâtimens qui entraient dans leurs ports, et autres améliorations.

Depuis, l'Angleterre, qui avait ainsi changé ses colonies des Antilles en comptoirs et en entrepôts, décréta leur émancipation, et substitua au système colonial du moyen-âge, le système colonial des anciens, c'est à dire un nouveau système de stations et de postes militaires et commerciaux pour défendre les vastes colonies de consommateurs qu'elle s'était créées dans l'Inde et en Asie. Elle organisa, nous ne dirons pas un monopole, mais un système de commerce et de débouchés extérieurs pour elle seule, en mettant à l'abri de toute concurrence ses immenses colonies de l'Inde, et en les protégeant à l'est par la colonisation de l'Australie, comme elles sont protégées à l'ouest par le cap de Bonne-Espérance, d'où résulte l'impossibilité de tourner ses possessions d'Asie, parce qu'elle est ainsi maîtresse de l'Océan indien.

Que faut-il de plus pour ouvrir les yeux de la France? Que l'humanité, que la religion réclament la résurrection des noirs à la vie domestique et insensiblement à la vie civile, nous l'accordons; mais cela suffit-il pour la conservation de nos colonies? Ne faut-il pas frayer des routes pour l'avenir à ces populations affranchies, leur préparer une existence industrielle et commerciale, et pour cela rompre les entraves de l'ancien monopole colonial, rendre libres les relations des Antilles françaises avec tous les autres pays, l'importation dans ces colonies de tous les produits par bâtimens des pays de provenance, le tiers-pavillon exclu, et les ériger de plus en comptoirs et en *entrepôts francs?* La navigation réservée sera protégée par cette restriction : que les produits de nos colonies ne pourront être transportés en France que sous pavillon national, comme le bill de M. Huskisson l'avait fait établir pour l'Angleterre. Cette idée est féconde; elle fermente dans la tête de nos économistes; déjà elle est réalisée et fait la prospérité de divers peuples maritimes, notamment de l'Autriche, qui couvre son territoire de chemins de fer, qui perfectionne son Danube, encourage les grandes entreprises commerciales, *fonde dans les mers de l'Arabie et de l'Inde des comptoirs et des entrepôts*, CE QUI VAUT PEUT-ÊTRE MIEUX, dit un économiste (1), QUE DES COLONIES A RÉGIMES PROHIBITIFS.

Nous avons dit que le but secret de tous les efforts, de toutes les guerres, de toutes les négociations de l'Angleterre depuis deux siècles, et que l'unique pensée qui l'anime aujourd'hui, ce fut et c'est encore de nous ravir nos colonies et d'anéantir notre puissance coloniale. Pourquoi ce système réussit-il à notre rivale qui nous a successivement enlevé nos plus belles colonies? Parce que nos colonies ne furent point, dès le principe, ce qu'elles auraient dû être. On en avait fait d'abord des établissemens particuliers de colons avec certains priviléges, et puis on en fit le domaine de la métropole avec droit de commerce exclusif, le tout avec un système de précautions jalouses, d'entraves pour les armemens, d'entrepôts et de ports privilégiés pour les importations dans les colonies et l'exportation des denrées de leur crû. L'Assemblée nationale, par ses décrets des 22 et 10 juillet 1791, affranchit pour le commerce avec les colonies tous les ports français, mais à la charge du retour direct de nos bâtimens dans l'un de nos ports et avec défense de toucher à l'étranger. La Convention nationale fit tomber toutes les barrières par son décret du 11 septembre 1793 ; mais l'acte de navigation du 21 septembre 1793, établit qu'aucune denrée, production ou marchandise étrangère, ne pourrait être importée dans nos colonies que par bâtimens français ou appartenant aux pays des crû, produits ou manufactures. La restauration, après avoir essayé de défendre le privilége colonial, le limita par la loi du 27 juillet 1822 aux productions du sol des colonies françaises qui seraient apportées directement par navires français de 60 tonneaux au moins ; et l'ordonnance du 5 février 1826 restreignit pareillement le système des approvisionnemens des colonies par la métropole ; de sorte que tout tendait, surtout depuis que la lumière avait été jetée sur cette question par l'enquête de 1829, au niveau du droit commun et à l'asssimilation de nos colonies à nos départemens français.

Mais ce fut précisément parce que les colonies n'avaient point été, dès leur origine, érigées en foyer de puissance maritime, en même temps qu'en comptoirs et en entrepôts, à l'instar de Malte, Corfou, Gibraltar, etc., qu'elles succombèrent et qu'elles sont sans force dans les mains de la France. Si nos colonies avaient été, ou étaient aujourd'hui des possessions ou des forteresses maritimes, soumises à la loi commune de la métropole; si, au lieu d'établissemens purement commerciaux ou d'instrumens de luxe pour la métropole, on en faisait des établissemens politiques ; si leur conservation et leur développement avaient été ou étaient élevés à la hauteur d'une question de puissance et non restreints à celle d'une

---

(1) *Journal des Débats.*

utilité matérielle ; qu'on n'en doute pas, nos ennemis ne s'en seraient point si facilement emparés, et elles ne seraient pas aujour-
d'hui obligées de s'effacer sous les influences perfides qui portent la
perturbation dans leur constitution, par la main même de nos gou-
vernans et de nos chambres françaises.

Si un système de colonisation civile eût été suivi en Algérie, au
lieu de ce système de guerre et de razzias intermittentes, et de ce
roman de colonisation militaire devenu une idée fixe ; si l'on se fût
appliqué, par l'établissement de nombreux colons y jouissant d'une
organisation judiciaire et administrative conforme à celle de la
France, et de la protection de l'autorité centrale, à faire pénétrer
les idées de propriété, de droit commun, de protection légale, d'é-
galité devant la loi, parmi les indigènes infiniment moins nombreux
que ces colons ne pourraient l'être, et cela tout en nous tenant
prêts à défendre nos possessions contre des agressions barbares,
par nos forces militaires, croyons-le bien, moins de sang français,
moins de trésors eussent été prodigués à cette terre qui boit à longs
traits le sang de nos braves et notre or, sans rien rendre en échange
de solide et de durable pour la France.

Et il faut pourtant là, comme ailleurs, arriver à cette transformation ; ou bien, au premier coup de canon tiré en Europe, nous se-
rons exposés à perdre successivement toutes nos colonies, et le
boulevart de notre puissance maritime et continentale.

Cette transformation opérée, quel sera le rôle de notre marine
et de nos ports français? Et d'abord, comme nous l'avons dit, notre
navigation réservée sera protégée par l'obligation des colonies de
ne commercer avec la France que sous pavillon national, et particulièrement aux pavillons étrangers de n'apporter dans nos ports
aucune des productions de ces colonies, si ce n'est en entrepôt
pour être réexportées, productions qu'ils pourront d'ailleurs transporter dans toutes les autres contrées. La faculté rendue à nos armateurs de faire en tous pays le transport de nos produits coloniaux, pris dans nos colonies mêmes, multipliera les armemens
lointains, facilitera les retours lucratifs et augmentera le revenu
de la douane. Nos armateurs ne seront plus paralysés par cette
législation ridicule et sauvage qui met à prix la liberté de deux sucres rivaux, qui enrichit le Trésor de leurs querelles, sans utilité
pour ces sucres tenus en haleine, et dont l'un, le sucre colonial,
succombera inévitablement. On réduirait à un droit de consommation les taxes dont ils sont frappés, et, en maintenant une surtaxe
modérée des sucres étrangers, on laisserait aux sucres coloniaux et
indigènes une entière liberté ; car rien n'est plus contraire à la nature, à la raison, au bon sens, que d'attaquer dans son principe
une production, que de mesurer les conditions et le développement de sa vie, sur un même territoire et chez un même peuple.
De plus, avec cette liberté coloniale, nos armateurs pouvant transporter les productions de l'Europe, de l'Asie, de l'Amérique et de
l'Afrique dans nos colonies, et réciproquement les produits naturels et industriels de ces colonies dans les autres parties du monde;
une nouvelle carrière s'ouvrira au travail et à l'industrie dans ces départemens intertropicaux ; la culture du sucre y sera restreinte, et

par suite la condition des noirs adoucie. Notre production en sucres ne pouvant guère excéder 80 millions de kilogrammes, le commerce du sucre, du café, n'y sera plus le seul ; il conservera de l'activité, parce que les besoins de la consommation de l'Europe et de l'Amérique du Nord le réclament ; mais, outre cette certitude de débouchés pour leurs produits naturels, nos colonies pourront utiliser l'intelligence et les bras de leurs populations dans d'autres branches d'un commerce non moins lucratif. La variété des cultures et des travaux, qui est toujours un moyen de richesse, et l'extension des entreprises commerciales dans toutes les parties du monde, donneront à la population noire une activité nourrie par un travail facile et fructueux ; les élémens des arts, l'instruction morale et religieuse pénétront chez elles avec une facilité égale. L'amour de la patrie se réveillera par le sentiment du bien-être et par celui d'une liberté active et féconde en résultats. La face des colonies sera changée.

C'est dans ces termes et dans ces limites qu'il faut abolir le monopole colonial, la législation qui limite à la métropole le droit d'approvisionner les colonies, ce qui ne serait aujourd'hui que la sanction par le droit commun de ce qui se pratique à l'aide d'une fraude facile ; encourager dans les colonies le travail des hommes libres et y organiser avant tout celui des prolétaires et des affranchis ; y favoriser les immigrations ; éviter de mettre les colons dans la dépendance des noirs et d'organiser l'anarchie et le pillage en ne tenant aucun compte des conditions substantielles de la propriété coloniale, en désorganisant les ateliers pour forcer la transition à une brusque émancipation, en substituant un antagonisme à l'action paternelle des conseils coloniaux, et un désir effréné d'indépendance au sentiment religieux, aux mœurs domestiques, à l'intelligence et à l'usage solide de la liberté ; immédiatement augmenter le clergé colonial, établir des évêques dans les colonies et y favoriser les missions ; remanier, mettre notre législation organique coloniale en harmonie avec la loi fondamentale de la métropole ; déclarer les colonies parties intégrantes du territoire national, et, sauf quelques règlemens particuliers, ne leur imposer aucune loi sans la participation de leurs députés au corps de représentation nationale, qui doit les proposer ou les discuter ; tendre constamment à ramener les lois qui les régissent à l'unité de nos codes, œuvre de patience, de civilisation et de temps ; fortifier ces colonies et y exécuter tous les ouvrages de défense qui doivent protéger nos ports et nos frontières ; établir un port militaire à l'île Bourbon ; adopter pour nos paquebots une route de Bourbon à Suez ; concourir puissamment à l'ouverture de cet isthme à la navigation ; coloniser Madagascar ; favoriser la colonisation civile en Algérie et dans les pays lointains, et y organiser le plus tôt possible un système de commerce et de crédit ; enfin, placer hautement sous la protection de la nationalité française nos artisans, commerçans, fabricans, colons français dans les parages de la Plata et de la Bande orientale, et autres contrées lointaines du globe ; favoriser les provenances de ces pays sous pavillon national, etc.

SECTION TROISIEME.

DU LIBRE-ÉCHANGE.

Après les développemens qui précèdent, nous nous bornerons à poser quelques principes généraux :

1° Il ne peut y avoir de liberté progressive des échanges, sans le développement corrélatif de la puissance navale.

2° La liberté illimitée des échanges, bien loin de contribuer à l'accroissement de notre marine, la détruirait, et, notre marine détruite, l'industrie et le commerce de la France, même intérieurs, en présence du libre-échange, périraient; la France serait ruinée de fond en comble.

3° Pour arriver à une solution juste et élevée de cette question, il faut, avant tout, partir de ce principe de justice internationale, qui veut que chaque peuple puisse tirer de son sol et de son industrie des ressources suffisantes pour subvenir à ses besoins et au développement de ses forces naturelles. Il faut donc éviter que la richesse d'un peuple soit absorbée par celle d'une nation plus puissante.

Pour modifier cet état de choses où l'Angleterre exerce une puissance commerciale absorbante dans les deux hémisphères, où elle a des facteurs, des travailleurs et des consommateurs, et non des libres coéchangistes des produits de leur sol et de leur industrie, il faut appliquer le génie des hommes d'Etat à la méditation d'*une économie politique internationale*, qui consisterait à faire une étude approfondie des productions de chaque peuple.

Ruiner un peuple, ou ne lui laisser prendre qu'une part insuffisante à son existence dans le grand banquet de l'univers, C'EST UN CRIME SOCIAL. Vouloir pour soi seul tous les avantages des échanges, c'est un égoïsme coupable. Jamais on ne doit ruiner une nation, la jeter sur la voie de la banqueroute, ou la tenir dans une dépendance précaire en paralysant et en entamant ses capitaux, SINON C'EST LA GUERRE, ET LA PLUS ODIEUSE DE TOUTES LES GUERRES.

4° Ce grand principe de justice internationale posé, à la faute impardonnable d'avoir laissé l'Angleterre se rendre maîtresse des conditions politiques et d'escompter nos actes, nos droits et notre impuissance à beaux deniers comptans, il ne faut pas joindre celle de nous placer, sous le prétexte de la liberté illimitée des échanges, sous le joug de ce machiavélisme oppresseur. La première de toutes les conditions à remplir pour avancer dans la voie de la liberté commerciale, c'est de mettre la France dans des conditions plus rapprochées de celles où se trouvent les nations étrangères, parce que, quand les charges publiques, le système administratif et l'état social d'un pays doublent et triplent ses dépenses comparativement à celles de ses voisins, proclamer la liberté illimitée des échanges, c'est vouloir assurer sa défaite et sa ruine.

9 782012 961708